My name is Maria. I am a girl.
Je m'appelle Maria. Je suis une jeune fille.
Me llamo Maria. Soy una muchacha.

I am Spanish and I live in Spain.
Je suis espagnole et j'habite en Espagne
Soy española y vivo en España.

I have dark hair and green eyes.
J'ai les cheveux noirs et les yeux verts.
Tengo el pelo moreno y los ojos verdes.

I have one brother. He is a pianist. My mother is a singer.
J'ai un frère. Il est pianiste. Maman est chanteuse.
Tengo un hermano. Es pianista. Mi madre es cantante.

I like playing tennis, riding my bike and reading books.
J'aime le tennis, le vélo et la lecture.
Me gusta jugar al tenis, pasear con mi bicicleta y leer libros.

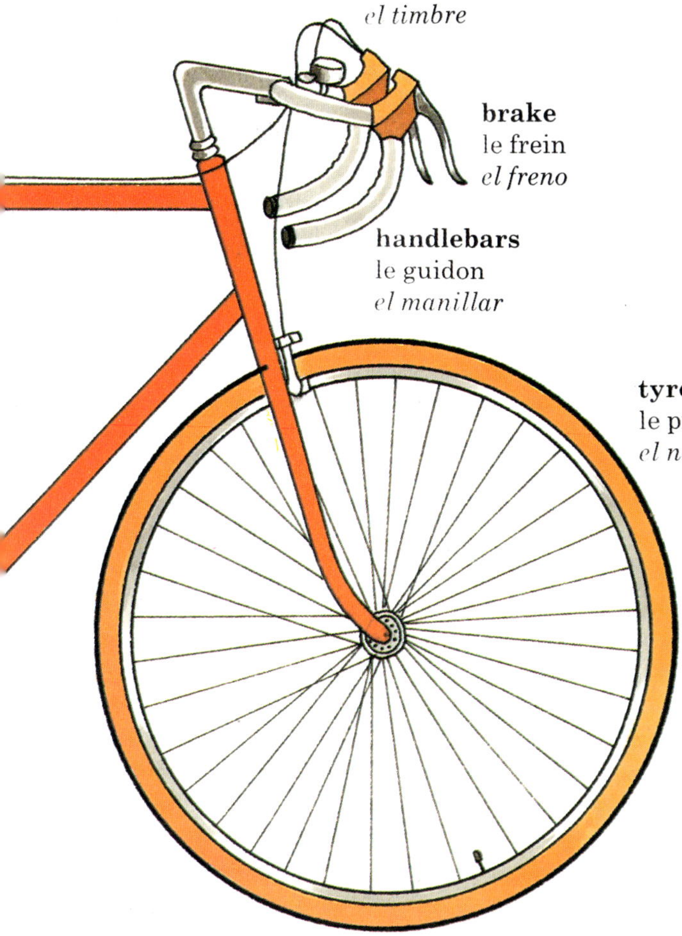

bell
la sonnette
el timbre

brake
le frein
el freno

handlebars
le guidon
el manillar

tyre
le pneu
el neumático

THE KINGFISHER WORDBOOK IN THREE LANGUAGES
English · French · Spanish

KINGFISHER BOOKS

SOME NOTES TO OUR READERS

Different types
Throughout this book the English words are printed in bold heavy type like this – **Dog**; French words are printed in ordinary type like this – le chien, and Spanish words are printed in slanting type like this – *el perro*.

How to say the words
We have not shown how the French and Spanish words are pronounced. There are some sounds in both languages which are quite unlike any sound we make in English. We think it better that you should ask a teacher or any grown-up who speaks the language how to say the words in this book in the correct way. Best of all ask a French person or a Spaniard!

Upside-down questions
You will notice that there are upside-down question marks ¿ before question sentences in Spanish. This is not a silly mistake. The Spanish really do place upside-down question marks in this way.

Masculines and Feminines
In English we say 'a boy' and 'a girl' or 'the boy' and 'the girl.' In French they say **un garçon** and **une fille** or **le garçon** and **la fille**. In Spanish they say **un muchacho** and **una muchacha** or **el muchacho** and **la muchacha**. **Garçon** and **muchacho** are, as you might expect, masculine words and **un** in both French and Spanish is the masculine for 'a'. The masculine for 'the' is **le** in French and **el** in Spanish. In the same way **une** in French and **una** in Spanish is the feminine for 'a', and **la** in both languages is the feminine for 'the'.

In French and Spanish *all* words are either masculine or feminine. For example 'the sun' is masculine (**le soleil** in French and **el sol** in Spanish) but 'the snow' is feminine (**la neige** in French and **la nieve** in Spanish). If the word is plural then in French **le** and **la** both become **les**, and in Spanish **el** and **la** become **los** and **las** (**les livres** and **los libros** for the books, and **les chaises** and **las sillas** for the chairs).

Kingfisher Books, Grisewood & Dempsey Ltd,
Elsley House, 24–30 Great Titchfield Street,
London W1P 7AD

First published in 1988 by Kingfisher Books

Copyright © Grisewood & Dempsey Ltd 1988

All rights reserved. No part of this publication may be reproduced, stored in a retrieval system or transmitted by any means, electronic, mechanical, photocopying or otherwise, without the prior permission of the publisher.

BRITISH LIBRARY CATALOGUING IN PUBLICATION DATA
Kingfisher wordbook in three languages.
1. French language – For children
2. Spanish language – For children
I. Grisewood, John II. Bowyer, Dave
448
ISBN 0-86272-384-1

Edited by John Grisewood and Nicola Barber
Illustrated by Dave Bowyer
Handlettering by Camilla Clark
Cover design: David Jefferis
Phototypeset by Southern Positives and Negatives (SPAN), Lingfield, Surrey
Printed in Spain

Concept: John Grisewood
French translators: Peter Barber
Jean-Pierre Hénot (École Primaire de Beaurainville)
Spanish translators: Raquel-Moya-Agudo
Kevin Hughes (Language Dept.
High Peak College of Further Education)

CONTENTS

	page
Our Town	8
Our House	10
The Days, Months and Seasons	12
Telling the Time	13
In the Kitchen	14
The Body	16
Numbers	17
At the Railway Station	18
At the Seaside	20
Going Shopping	22
Let's Keep in Touch	24
Which Way?	25
At School	26
In the Playground	28
In the Garden	30
In the Country	32
The Family	34
Our Clothes	36
The Five Senses	38
Shapes and Colour	39
Word List	40

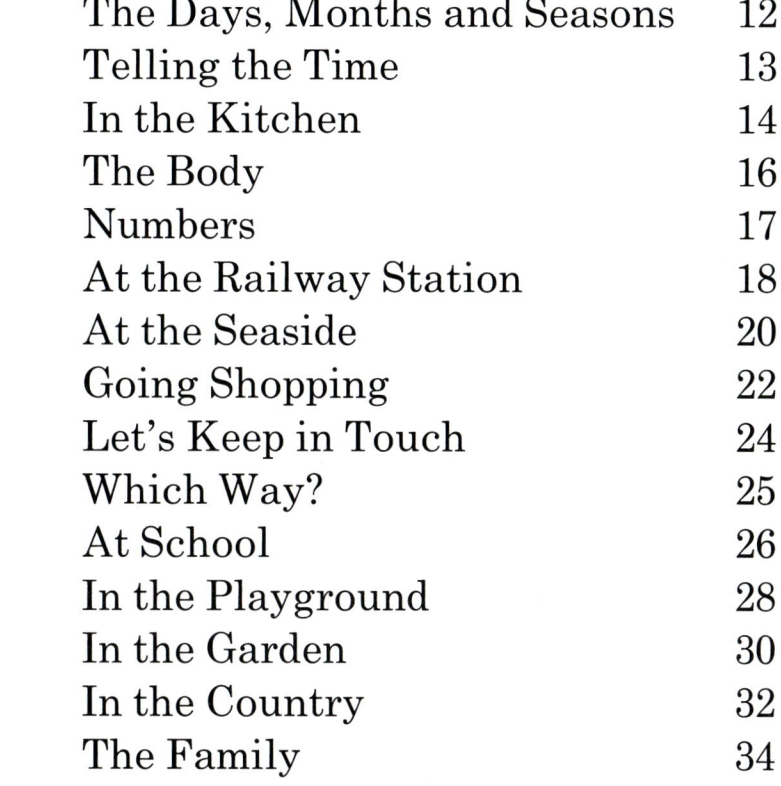

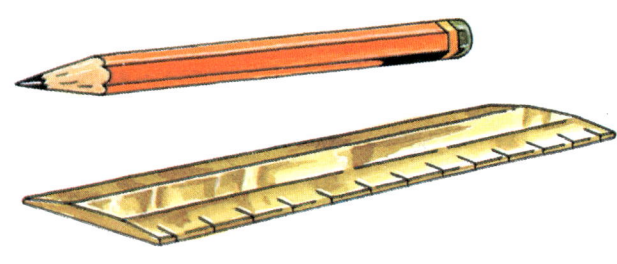

Our Town
How many people can you see in the street?

1.	**road**	la chaussée	la carretera
2.	**pavement**	le trottoir	la acera
3.	**underground station**	une station de métro	una estación de metro
4.	**telephone box**	une cabine téléphonique	una cabina de teléfono
5.	**hotel**	un hôtel	un hotel
6.	**post office**	le bureau de poste	correos
7.	**litter bin**	une boîte à ordures	un cubo de la basura
8.	**chemist**	la pharmacie	la farmacia
9.	**policeman**	un agent de police	un policia
10.	**baker**	une boulangerie	un panadero
11.	**supermarket**	un supermarché	un supermercado
12.	**offices**	les bureaux	las oficinas
13.	**cinema**	le cinéma	el cine
14.	**flats**	les appartements	los pisos
15.	**bank**	une banque	un banco
16.	**lamppost**	un réverbère	un poste de farol
17.	**traffic lights**	les feux	el semáforo
18.	**car**	une voiture	un coche
19.	**parking meter**	un parcomètre	un contador de aparcamiento
20.	**lorry**	un camion	un camión

Our House
Do you live in a house or in a flat?

1.	**aerial**	une antenne	*una antena*
2.	**roof**	le toit	*el techo*
3.	**chimney**	la cheminée	*la chimenea*
4.	**attic**	le grenier	*el ático*
5.	**bathroom**	la salle de bain	*el cuarto de baño*
6.	**toothbrush**	une brosse à dents	*un cepillo de dientes*
7.	**towel**	une serviette	*una toalla*
8.	**soap**	le savon	*el jabón*
9.	**bed**	un lit	*una cama*
10.	**pillow**	un oreiller	*una almohada*
11.	**window**	une fenêtre	*una ventana*
12.	**ceiling**	le plafond	*el techo*
13.	**floor**	le plancher	*el suelo*
14.	**stairs**	l'escalier	*la escalera*
15.	**lamp**	une lampe	*una lámpara*
16.	**sitting-room**	le salon	*el cuarto de estar*
17.	**sofa**	un canapé	*un sofá*
18.	**picture**	un tableau	*un cuadro*
19.	**chair**	une chaise	*una silla*
20.	**kitchen**	la cuisine	*la cocina*
21.	**tent**	une tente	*una tienda*
22.	**bone**	un os	*un hueso*
23.	**garage**	le garage	*el garaje*

I live in a kennel.
J'habite une niche.
Vivo en una perrera.

The Days, Months and Seasons
What is your favourite time of year?

THE SEASONS LES SAISONS *LAS ESTACIONES*

Spring
Le printemps
La primavera

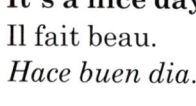

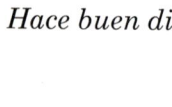

Summer
L'été
El verano

It's a nice day.
Il fait beau.
Hace buen dia.

It is warm.
Il fait chaud.
Hace calor.

Autumn
L'automne
El otoño

Winter
L'hiver
El invierno

It is windy.
Il fait du vent.
Hace viento.

It is cold.
Il fait froid.
Hace frío

1.	**rain**	la pluie	*la lluvia*
2.	**blossom**	les fleurs des arbres	*el florecimiento*
3.	**rainbow**	un arc-en-ciel	*un arco iris*
4.	**sun**	le soleil	*el sol*
5.	**cloud**	un nuage	*una nube*
6.	**wind**	le vent	*el viento*
7.	**leaves falling**	les feuilles qui tombent	*la caída de las hojas*
8.	**snow**	la neige	*la nieve*
9.	**snowman**	un bonhomme de neige	*un muñeco de nieve*

THE MONTHS	LES MOIS	*LOS MESES*	DAYS OF THE WEEK	LES JOURS DE LA SEMAINE	*LOS DÍAS DE LA SEMANA*
January	janvier	*enero*			
February	février	*febrero*	**Monday**	lundi	*lunes*
March	mars	*marzo*	**Tuesday**	mardi	*martes*
April	avril	*abril*	**Wednesday**	mercredi	*miércoles*
May	mai	*mayo*	**Thursday**	jeudi	*jueves*
June	juin	*junio*	**Friday**	vendredi	*viernes*
July	juillet	*julio*	**Saturday**	samedi	*sábado*
August	août	*agosto*	**Sunday**	dimanche	*domingo*
September	septembre	*septiembre*			
October	octobre	*octubre*			
November	novembre	*noviembre*			
December	décembre	*diciembre*			

Telling the Time

What's the time?
Quelle heure est-il ?
¿Qué hora es?

It's seven o'clock. Time to get up.
Il est sept heures. C'est l'heure de me lever.
Son las siete. Es hora de levantarse

yesterday
hier
ayer

alarm clock
un réveil
el despertador

morning
le matin
la mañana

It's eight-thirty. Time for school.
Il est huit heures et demie. L'heure de l'école.
Son las ocho y media. Es hora de ir a la escuela.

It is twelve midday. Lunch time.
Il est midi. L'heure du déjeuner.
Son las doce del mediodía. Es hora de comer.

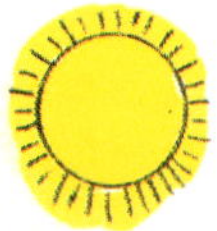

wrist watch
une montre
un reloj de pulsera

afternoon
l'après-midi
la tarde

It's a quarter to eight. Story time.
Il est huit heures moins le quart. L'heure de raconter une histoire.
Son las ocho menos cuarto. Es hora de oir cuentos.

today
aujourd'hui
hoy

evening
le soir
la tarde

It's a quarter past eight. Bedtime.
Il est huit heures et quart. L'heure d'aller au lit.
Son las ocho y quince. Es hora de acostarse.

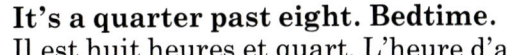

clock
une pendule
un reloj

It is midnight. It is dark outside.
Il est minuit. Dehors, il fait noir.
Es medianoche. Está oscuro fuera.

night
la nuit
la noche

tomorrow
demain
mañana

In the Kitchen
We nearly always eat in the kitchen.

1.	**sink**	l'évier	el fregadero
2.	**tap**	un robinet	un grifo
3.	**can-opener**	un ouvre-boîtes	un abrelatas
4.	**vegetable rack**	un casier à légumes	una estante de verdura
5.	**electric-mixer**	un batteur éléctrique	una batidora
6.	**washing machine**	une machine à laver	una lavadora
7.	**dishwasher**	un lave-vaisselle	un lavaplatos
8.	**rolling-pin**	un rouleau	un rodillo
9.	**dustbin**	une poubelle	un cubo de la basura
10.	**fridge**	un réfrigérateur	un frigorífico
11.	**broom**	un balai	una escoba
12.	**saucepan**	une casserole	una cacerola
13.	**frying-pan**	une poêle	un sartén
14.	**cooker**	une cuisinière	una cocina
15.	**table**	une table	una mesa
16.	**stool**	un tabouret	un taburete
17.	**coffee pot**	une cafetière	una cafetera
18.	**bowl**	un bol	un tazón
19.	**jug**	un pot	una jarra
20.	**iron**	un fer	una plancha
21.	**ironing-board**	une planche à repasser	una tabla de planchar
22.	**cup and saucer**	une tasse et une soucoupe	una taza y un platillo

kettle
une bouilloire
un hervidor

corkscrew
un tire-bouchon
un sacacorchos

spoon
une cuillère
una cuchara

knife
un couteau
un cuchillo

plate
une assiette
un plato

> I am hungry. What are you eating?
> J'ai faim. Qu'est-ce que tu manges?
> Tengo hambre. ¿Qué estáis comiendo?

> We are eating bananas and cake.
> Nous mangeons les bananes, et un gâteau.
> Estamos comiendo plátanos y tarta.

> Dad is in the kitchen cooking breakfast.
> Papa est dans la cuisine. Il prépare le petit déjeuner.
> Papá está en la cocina preparando el desayuno.

The Body
From Head to Toe.

foot — le pied — *el pie*
back — le dos — *la espalda*
face — la figure — *la cara*
shoulder — l'épaule — *el hombro*
leg — la jambe — *la pierna*
stomach — l'estomac — *el estómago*
chest — la poitrine — *el pecho*
arm — le bras — *el brazo*
hand — la main — *la mano*
head — la tête — *la cabeza*

Come on in! The water is lovely!
Viens! L'eau est bonne!
¡Entra al agua. Está muy buena!

1. **mouth** — la bouche — *la boca*
2. **nose** — le nez — *la nariz*
3. **eye (eyes)** — l'oeil (les yeux) — *el ojo*
4. **ear** — l'oreille — *la oreja*
5. **hair** — les cheveux — *el pelo*
6. **neck** — le cou — *el cuello*
7. **elbow** — le coude — *el codo*
8. **finger** — le doigt — *el dedo*
9. **thumb** — le pouce — *el pulgar*
10. **knee** — le genou — *la rodilla*
11. **ankle** — la cheville — *el tobillo*
12. **toe** — l'orteil — *el dedo del pie*

Numbers
Can you count up to 20?

How many can you count?
Il y en a combien?
¿Cuántos puedes contar?

There is one elephant and there are...
Il y a un éléphant et il y a...
Hay un elefante y hay...

1.	**one elephant**	un éléphant	*un elefante*
2.	**two sandals**	deux sandales	*dos sandalias*
3.	**three teddy-bears**	trois nounours	*tres ositos de felpa*
4.	**four penguins**	quatre pingouins	*cuatro pingüinos*
5.	**five mice**	cinq souris	*cinco ratones*
6.	**six ice-creams**	six glaces	*seis helados*
7.	**seven balloons**	sept ballons	*siete globos*
8.	**eight fishes**	huit poissons	*ocho peces*
9.	**nine strawberries**	neuf fraises	*nueve fresas*
10.	**ten keys**	dix clés	*diez llaves*
11.	**eleven mushrooms**	onze champignons	*once setas*
12.	**twelve eggs**	douze oeufs	*doce huevos*
13.	**thirteen ladybirds**	treize coccinelles	*trece mariquitas*
14.	**fourteen cakes**	quatorze gâteaux	*catorce tartas*
15.	**fifteen drawing-pins**	quinze punaises	*quince chinchetas*
16.	**sixteen flowers**	seize fleurs	*dieciseis flores*
17.	**seventeen matches**	dix-sept allumettes	*diecisiete cerillas*
18.	**eighteen bricks**	dix-huits briques	*dieciocho ladrillos*
19.	**nineteen buttons**	dix-neufs boutons	*diecinueve botones*
20.	**twenty ants**	vingt fourmis	*veinte hormigas*

At the Railway Station
Here we are at the station. Hurry up or we'll miss the train!

1.	**train**	un train	un tren
2.	**engine-driver**	le conducteur	el maquinista
3.	**locomotive**	une locomotive	una locomotora
4.	**railway line**	la voie ferrée	el ferrocarril
5.	**platform**	le quai	el andén
6.	**carriage**	un wagon	el vagón
7.	**guard**	le chef de train	el guardia
8.	**flag**	un drapeau	una bandera
9.	**porter**	un porteur	un mozo
10.	**luggage trolley**	un chariot à bagages	un carro de equipaje
11.	**luggage**	les bagages	el equipaje
12.	**passenger**	un voyageur/ une voyageuse	un pasejero/una pasejera
13.	**signal**	un signal	un señal
14.	**exit**	la sortie	la salida
15.	**subway**	un souterrain	un subterráneo
16.	**newspaper**	un journal	un periódico
17.	**newsagent**	un marchand de journaux	un vendedor de periódicos
18.	**handbag**	un sac à main	un bolso
19.	**platform number**	le numéro du quai	el número de andén
20.	**refreshment kiosk**	un buffet	un quiosco de refrescos

At the Seaside

In summer it is fun to go to the beach all day.

1.	**sky**	le ciel	*el cielo*
2.	**sun**	le soleil	*el sol*
3.	**cloud**	un nuage	*la nube*
4.	**sand**	le sable	*la arena*
5.	**sea**	la mer	*el mar*
6.	**wave**	une vague	*una ola*
7.	**cliff**	une falaise	*un acantilado*
8.	**cave**	une caverne	*una cueva*
9.	**seagull**	une mouette	*una gaviota*
10.	**yacht**	un voilier	*un yate*
11.	**sail**	une voile	*una vela*
12.	**mast**	un mât	*un mástil*
13.	**rowing-boat**	un bateau à rames	*una barca de remos*
14.	**motor boat**	une vedette	*una lancha de motor*
15.	**fish**	un poisson	*un pez*
16.	**surfer**	un surfeur	*un deportista de surfing*
17.	**rock**	un rocher	*una roca*
18.	**seaweed**	le varech	*la alga*
19.	**ship**	un navire	*un barco*
20.	**bucket**	un seau	*un cubo*
21.	**spade**	une pelle	*una pala*
22.	**raft**	un radeau	*una balsa*
23.	**umbrella**	un parasol	*un parasol*
24.	**deck-chair**	un transatlantique	*una tumbona*
25.	**lighthouse**	un phare	*un faro*

Going Shopping

We buy our food at the supermarket. We often meet our friends there.

1. **fruit**	les fruits	*la fruta*	
2. **vegetables**	les légumes	*las legumbres*	
3. **meat**	la viande	*la carne*	
4. **fish**	le poisson	*el pescado*	
5. **bread**	le pain	*el pan*	
6. **cake**	le gâteau	*la tarta*	
7. **sugar**	le sucre	*el azucar*	
8. **milk**	le lait	*la leche*	
9. **eggs**	les oeufs	*los huevos*	
10. **cheese**	le fromage	*el queso*	
11. **butter**	le beurre	*la mantequilla*	
12. **pears**	les poires	*las peras*	
13. **apples**	les pommes	*las manzanas*	
14. **bananas**	les bananes	*los plátanos*	
15. **potatoes**	les pommes de terre	*las patatas*	
16. **onions**	les oignons	*las cebollas*	
17. **carrots**	les carottes	*las zanahorias*	
18. **cauliflower**	un chou-fleur	*una coliflor*	
19. **wine**	le vin	*el vino*	
20. **check-out**	la caisse	*la caja*	
21. **trolley**	un chariot	*un carro*	
22. **cashier**	la caissière	*la cajera*	
23. **money**	l'argent	*el dinero*	

strawberry
une fraise
una fresa

raspberry
une framboise
una frambuesa

lemon
un citron
un limón

mushroom
un champignon
una seta

Let's keep in touch

1.	**newspaper**	un journal	*un periódico*
2.	**books**	les livres	*los libros*
3.	**television**	un téléviseur	*un televisor*
4.	**radio**	la radio	*la radio*
5.	**typewriter**	une machine à écrire	*una máquina de escribir*
6.	**letter**	une lettre	*una carta*
7.	**envelope**	une enveloppe	*un sobre*
8.	**stamp**	un timbre-poste	*un sello*
9.	**address**	une adresse	*la dirección*
10.	**pen**	un stylo	*un bolígrafo*
11.	**photograph**	une photographie	*una fotografía*
12.	**telephone**	un téléphone	*un teléfono*
13.	**camera**	un appareil	*una cámara*
14.	**calculator**	une calculatrice	*una calculadora*

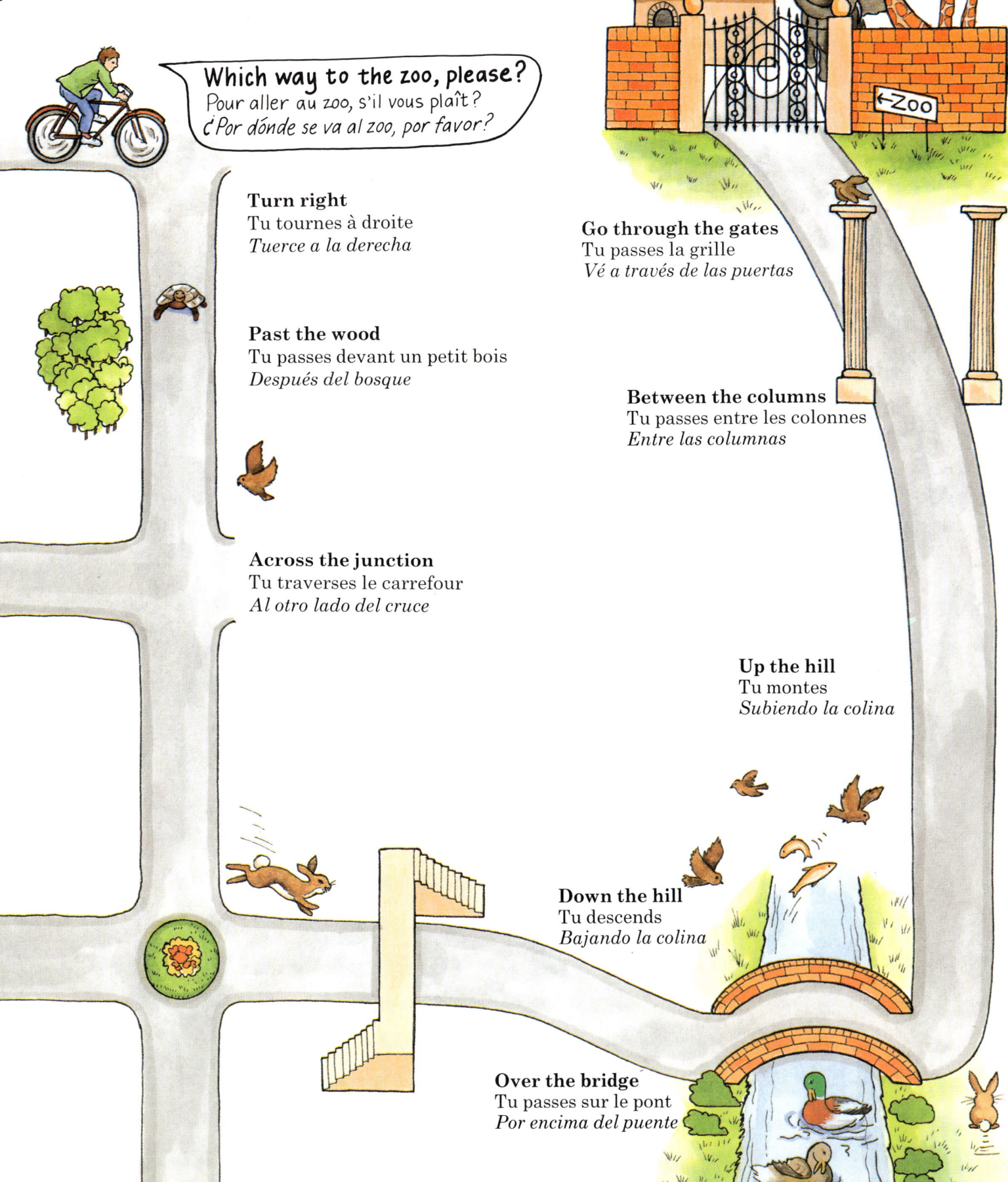

At School

School is fun. There are so many things to learn and do.

	English	French	Spanish
1.	**blackboard**	un tableau noir	una pizarra
2.	**globe**	un globe terrestre	un globo terráqueo
3.	**easel**	un chevalet	un caballete
4.	**abacus**	un abaque	un ábaco
5.	**teacher**	une institutrice	una maestra
6.	**pupil (boy)**	un écolier	un alumno
	pupil (girl)	une écolière	una alumna
7.	**paints**	les couleurs	las pinturas
8.	**paintbrushes**	les pinceaux	los pinceles
9.	**painting**	la peinture	una pintura
10.	**exercise-book**	un cahier	un cuaderno
11.	**paper**	le papier	el papel
12.	**alphabet**	l'alphabet	el alfabeto
13.	**sums**	les calculs	las cuentas
14.	**satchel**	un cartable	una cartera
15.	**wastepaper-basket**	une corbeille à papier	una papelera
16.	**cupboard**	une armoire	un armario
17.	**chalk**	la craie	la tiza
18.	**goldfish**	un poisson rouge	una carpa
19.	**books**	les livres	los libros

It's easy to learn how to speak English.

Apprendre l'anglais, ce n'est pas difficile.

Es fácil aprender a hablar inglés.

In the Playground

What a lot of different things the children are doing in the playground.

1.	**walk**	marcher	*andar*
2.	**stand**	se tenir debout	*estar de pie*
3.	**jump**	sauter	*saltar*
4.	**skip**	sauter à la corde	*saltar a la comba*
5.	**sit**	être assis	*sentarse*
6.	**run**	courir	*correr*
7.	**throw**	lancer	*lanzar*
8.	**catch**	attraper	*detener*
9.	**pull**	tirer	*tirar*
10.	**push**	pousser	*empujar*
11.	**fall down**	tomber	*caerse*
12.	**eat**	manger	*comer*
13.	**drink**	boire	*beber*
14.	**wave**	saluer	*saludar*
15.	**smile**	sourire	*sonreir*
16.	**cry**	pleurer	*llorar*
17.	**read**	lire	*leer*
18.	**bend**	se pencher	*inclinarse*
19.	**hop**	sauter à cloche-pied	*brincar*
20.	**climb**	grimper	*escalar*
21.	**give**	donner	*dar*
22.	**take**	prendre	*tomar*
23.	**speak**	parler	*hablar*
24.	**listen**	écouter	*escuchar*

play
jouer
jugar

Do you speak English?
Parlez-vous anglais?
¿Habla usted inglés?

No, but
Non, mais . . .
No, sino . . .

> **NOTE**
> **Tu** is used for 'you' in French and Spanish when speaking to one close friend. In all other cases in French you use **vous**, whether for one or more people. In Spanish you use **usted** for one person and **ustedes** if there is more than one person.
> **Elles** and **Ellas** are used in French and Spanish if 'they' are all female. If 'they' are all male or mixed men and women use **Ils** or **Ellos**.
> In Spanish the pronouns yo, tú, el, ella, nosotros, ellos and ellas are normally omitted. They are used for emphasis and to avoid any confusion. Even 'usted' can be left out.

I speak French	Je parle français	*Yo hablo francés*
You speak German	Tu parles allemand	*Tú hablas alemán*
		Usted habla alemán
He speaks Spanish	Il parle espagnol.	*El habla español*
She speaks Chinese	Elle parle chinois	*Ella habla chino*
We speak Italian	Nous parlons italien	*Nosotros hablamos italiano*
You speak Russian	Vous parlez russe	*Ustedes hablan ruso*
They speak Portuguese	Ils parlent portugais	*Ellos hablan portugués*
They speak Swedish	Elles parlent suédois	*Ellas hablan sueco*

In the Garden
All kinds of plants grow in a garden.

1.	tree	un arbre	un árbol
2.	leaf	une feuille	una hoja
3.	bush	un arbuste	un arbusto
4.	grass	le gazon	la hierba
5.	lawnmower	une tondeuse	una cortacésped
6.	flowerbed	une plate-bande	el macizo
7.	worm	un ver	un gusano
8.	wheelbarrow	une brouette	una carretilla
9.	watering-can	un arrosoir	una regadera
10.	greenhouse	une serre	un invernadero
11.	spade	une bêche	una pala
12.	fork	une fourche	una horca
13.	swing	une balançoire	un columpio
14.	see-saw	une bascule	un balancín
15.	fence	une clôture	una cerca
16.	vegetables	les légumes	las legumbres
17.	hosepipe	un tuyau	el tubo de manguera
18.	earth	la terre	la tierra
19.	pond	un bassin	el estanque
20.	path	une allée	una vereda

rose
une rose
una rosa

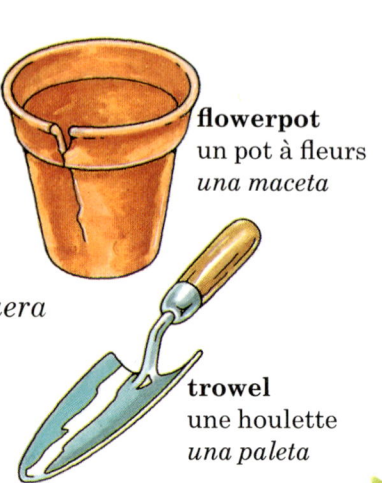

flowerpot
un pot à fleurs
una maceta

trowel
une houlette
una paleta

In the Country

Look carefully around the countryside. You can see lots of animals.

1.	**farmhouse**	une maison de ferme	*una granja*
2.	**farmer**	le fermier	*el granjero*
3.	**chicken**	les poulets	*las gallinas*
4.	**pig**	un cochon	*el cerdo*
5.	**cow**	une vache	*una vaca*
6.	**calf**	un veau	*una ternera*
7.	**sheep**	un mouton	*una oveja*
8.	**lamb**	un agneau	*un cordero*
9.	**hill**	une colline	*una colina*
10.	**mountain**	une montagne	*una montaña*
11.	**village**	un village	*un pueblo*
12.	**wood**	un bois	*un bosque*
13.	**horse**	un cheval	*un caballo*
14.	**tractor**	un tracteur	*un tractor*
15.	**plough**	une charrue	*un arado*
16.	**turkey**	un dindon	*un pavo*
17.	**fox**	un renard	*un zorro*
18.	**hedge**	une haie	*un seto*
19.	**rabbit**	un lapin	*un conejo*
20.	**squirrel**	un écureuil	*una ardilla*

cheese le fromage *el queso*

milk le lait *la leche*

butter la beurre *la mantequilla*

The Family
The whole family is arriving to wish Gran a happy birthday.

cat
un chat
un gato

kitten
un chaton
un gatito

duck
un canard
un pato

dog
un chien
un perro

puppy
un chiot
un cachorro

duckling
un caneton
un patito

1. **mother (mummy)** — la mère (maman) — *la madre (mamá)*
2. **father (daddy)** — le père (papa) — *el padre (papá)*
3. **baby** — le bébé — *el bebé*
4. **daughter** — la fille — *la hija*
5. **son** — le fils — *el hijo*
6. **grandmother/wife** — la grand-mère/la femme — *la abuela/la esposa*
7. **grandfather/husband** — le grand-père/le mari — *el abuelo/el marido*
8. **grandchildren** — les petits-enfants — *los nietos*
9. **uncle** — l'oncle — *el tío*
10. **aunt** — la tante — *la tía*
11. **cousin** — le cousin (boy) la cousine (girl) — *el primo (boy) la prima (girl)*
12. **brother** — le frère — *el hermano*
13. **sister** — la soeur — *la hermana*
14. **nephew** — le neveu — *el sobrino*
15. **niece** — la nièce — *la sobrina*
16. **present** — un cadeau — *un regalo*
17. **flowers** — les fleurs — *las flores*

This is my brother. I am his sister. We belong to the same family.
Voici mon frère. Je suis sa soeur. Nous sommes de la même famille.
Este es mi hermano. Yo soy su hermana. Pertenecemos a la misma familia.

Our Clothes
It is cold today. What can we wear?

1.	**dress**	une robe	*un vestido*
2.	**skirt**	une jupe	*una falda*
3.	**jeans**	un jean	*los pantalones vaqueros*
4.	**socks**	les chaussettes	*los calcetines*
5.	**shoes**	les chaussures	*los zapatos*
6.	**gloves**	les gants	*los guantes*
7.	**hat**	un chapeau	*un sombrero*
8.	**sweater**	un chandail	*un jersey*
9.	**belt**	une ceinture	*un cinturón*
10.	**jacket**	un veston	*una chaqueta*
11.	**trousers**	un pantalon	*los pantalones*
12.	**underpants**	un slip	*los calzoncillos*
13.	**vest**	un maillot de corps	*una camiseta*
14.	**shirt**	une chemise	*una camisa*
15.	**tie**	une cravate	*una corbata*
16.	**pyjamas**	un pyjama	*el pijama*
17.	**dressing-gown**	une robe de chambre	*una bata*
18.	**slippers**	les pantoufles	*las zapatillas*
19.	**raincoat**	un imperméable	*un impermeable*
20.	**overcoat**	un pardessus	*un abrigo*
21.	**wardrobe**	une garde-robe	*un armario de ropa*
22.	**mirror**	une glace/un miroir	*un espejo*
23.	**hanger**	un cintre	*una percha*

The Five Senses

sight
la vue
la vista

Look at the balloon in the sky. Can you see it?
Regarde le ballon dans le ciel. Tu peux le voir?
Mira el globo del cielo. ¿Lo ves?

hearing
l'ouïe
el oído

Listen to the lion roaring. Can you hear him?
Écoute le lion qui rugit. Tu peux l'entendre?
Escucha cómo ruge el león. ¿Lo oyes?

smell
l'odorat
el olfato

Smell the flowers. Can you smell the scent?
Sens les fleurs. Tu peux en sentir l'odeur?
Huele las flores. ¿Puedes oler el aroma?

Taste the ice-cream. Can you taste the chocolate?
Goûte la glace. Tu peux en sentir le parfum de chocolat?
Prueba el helado. ¿Saboreas el gusto a chocolate?

taste
le goût
el gusto

Touch the cat's fur. Can you feel how soft it is?
Touche la fourrure du chat. Tu peux sentir comme elle est douce?
Toca el pelo del gato. Notas lo suave que es?

touch
le toucher
el tacto

Touch the table. Can you feel how hard it is?
Touche la table. Tu peux sentir comme elle est dure?
Toca la mesa, Notas lo dura que es.

Shapes and Colours
When you mix colours together you make new colours.

a pink rectangle
un rectangle rose
un rectángalo de color rosa.

a red circle
un cercle rouge
un círculo rojo

a black oval
un ovale noir
un óvalo negro

a white square
un carré blanc
un cuadrado blanco

a yellow star
une étoile jaune
una estrella amarilla

a blue sphere
une sphère bleue
una esfera azúl

a purple heart
un coeur violet
un corazón violeta

a brown cube
un cube brun
un cubo marrón

an orange pyramid
une pyramide orange
una pirámide naranja

Blue and yellow make green.
Le bleu et le jaune produisent le vert
El azul y el amarillo forman el verde.

WORD LIST

ENGLISH	FRENCH	SPANISH
abacus	un abaque	un ábaco
address	une adresse	la dirección
aerial	une antenne	la antena
aeroplane	un avion	un avión
afternoon	un après-midi	la tarde
airport	un aéroport	un aeropuerto
alarm clock	un réveil	el despertador
alphabet	un alphabet	el alfabeto
ankle	la cheville	el tobillo
ant	un fourmi	una hormiga
apple	une pomme	una manzana
April	avril	abril
arm	le bras	el brazo
attic	un grenier	un ático
August	août	agosto
aunt	une tante	una tía
autumn	automne	el otoño
baby	un bébé	el bebé
baker's (shop)	une boulangerie	el panadero
balloon	un ballon	el globo
banana	une banane	el plátano
bank	une banque	el banco
to bark	aboyer	ladrar
bathroom	une salle de bain	un cuarto de baño
bed	un lit	la cama
bell (small, hand-)	une sonnette	un timbre
belt	une ceinture	un cinturón
to bend	se pencher	inclinarse
between	entre	entre
bicycle	un vélo	una bicicleta
bird	un oiseau	un pájaro
black	noir, noire	negro/negra
blackboard	un tableau noir	la pizarra
blossom	les fleurs des arbres	el florecimiento
blue	bleu, bleue	azul
body	le corps	el cuerpo
bone	un os	el hueso
book	un livre	un libro
bowl	un bol	un tazón
boy	un garçon	un muchacho
brake	un frein	el freno
bread	le pain	el pan
breakfast	le petit déjeuner	el desayuno
brick	une brique	el ladrillo
bridge	un pont	un puente
broom	un balai	una escoba
brother	un frère	un hermano
brown	brun, brune	marrón
bucket	un seau	un cubo
to build	construire, faire	construír
bush	un arbuste	un arbusto
but	mais	pero
butter	le beurre	la mantequilla
button	un bouton	el botón
to buy	acheter	comprar
cake	un gâteau	la tarta
calculator	une calculatrice	una calculadora
calendar	un calendrier	un calendario
calf	un veau	la ternera
camera	un appareil (photographique)	la cámara
can (= to be able to, know how to)	savoir	poder
can-opener	un ouvre-boîtes	un abrelatas
car	une automobile, une voiture	un coche
carriage	le wagon	el vagon
carrot	une carotte	la zanahoria
cashier	une caissière	la cajera
cat	un chat	un gato
to catch	attraper	detener/coger
cauliflower	un chou-fleur	la coliflor
cave	une caverne	la cueva/caverna
ceiling	un plafond	el techo/tejado
chair	une chaise	la silla
chalk	la craie	la tiza
check-out (supermarket)	une caisse	la caja
cheese	un fromage	el queso
chemist's (shop)	une pharmacie	el farmacéutico
chest (part of body)	la poitrine	el pecho
chicken	un poulet	la gallina
child	un enfant	un niño/una niña
chimney	une cheminée	la chimenea
cinema	un cinéma	el cine
circle	un cercle	un círculo
classroom	une salle de classe	la aula
cliff	une falaise	el acantilado
to climb	grimper	escalar
clock (household)	une pendule	un reloj
cloth	une étoffe	la tela
clothes	les vêtements	la ropa
cloud	un nuage	la nube
coffee pot	une cafetière	una cafetera
cold	froid, froide	frío/fría
colour	une couleur	el color
comb	un peigne	el peine
control tower (airport)	une tour de contrôle	la torre de control
cooker	une cuisinière	una cocina

bird
un oiseau
un pájaro

aeroplane
un avion
un avión

balloon
un ballon
un globo

control tower
une tour de contrôle
una torre de control

corkscrew	un tire-bouchon	un sacacorchos
corner	un coin	la esquina
to count	compter	contar
cousin	un cousin, une cousine	el primo/la prima
cow	une vache	una vaca
crab	un crabe	un cangrejo
to cry	pleurer	llorar
cube	un cube	un cubo
cup	une tasse	una taza
cupboard	une armoire	el armario
dad, daddy	papa	papá
(it is) dark	il fait noir	oscuro
date	la date	la fecha
daughter	une fille	la hija
day	un jour	el día
December	décembre	diciembre
deck-chair	un transatlantique	una tumbona
to dig	bêcher	cavar
dishwasher	un lave-vaisselle	el lavaplatos
to dive	plonger	bucear
to do	faire	hacer
dog	un chien	un perro
door	une porte	una puerta
to draw	dessiner	dibujar
drawer	un tiroir	un cajón
drawing-pin	une punaise	una chincheta
dress	une robe	un vestido
dressing-gown	un peignoir	la bata
to drink	boire	beber
duck	un canard	el pato
dustbin	une poubelle	el cubo de la basura
ear	une oreille	una oreja
earth	la terre	la tierra
easel	un chevalet	el caballete
to eat	manger	comer
egg	un oeuf	un huevo
eight	huit	ocho
eighteen	dix-huit	dieciocho
elbow	le coude	el codo
electric-mixer	un batteur éléctrique	una batidora
elephant	un éléphant	un elefante
eleven	onze	once
envelope	une enveloppe	el sobre
evening	un soir	la tarde
exercise-book	un cahier	un cuaderno
exit	la sortie	la salida
eye, eyes	l'oeil, les yeux	un ojo
face	la figure, le visage	la cara
to fall	tomber	caerse
family	une famille	la familia
farm/farmhouse	une ferme/une maison de ferme	una granja
farmer	un fermier	un granjero
father	le père	el padre
February	février	febrero
fence	une clôture	una cerca/un seto
fifteen	quinze	quince
finger	le doigt	el dedo
fish	un poisson	un pez/el pescado
five	cinq	cinco
flag	un drapeau	la bandera
flats	les appartements	los pisos
floor	un plancher	el suelo
flower	une fleur	una flor
flowerbed	une plate-bande	el macizo
flowerpot	un pot à fleurs	una maceta

glider
un planeur
un planeador

foot	le pied	el pie
fork (garden)	une fourche	la horca
fork (table)	une fourchette	el tenedor
four	quatre	cuatro
fourteen	quatorze	catorce
fox	un renard	un zorro
Friday	vendredi	viernes
fridge	un réfrigérateur, un frigo	un frigorífico
friend	un ami, une amie	un amigo/una amiga
fruit	un fruit	la fruta
frying-pan	une poêle (à frire)	el sartén
garden	un jardin	un jardín
gate	une barrière; une grille	la puerta
to give	donner	dar
glider	un planeur	un planeador
globe (in classroom)	un globe terrestre	el globo terráqueo
glove	un gant	un guante
to go	aller	ir
goldfish	un poisson rouge	una carpa
grandchildren	les petits-enfants	los nietos
grandfather	un grand-père	el abuelo
grandmother/ granny	une grand-mère/grand-maman	la abuela
grass	le gazon/l'herbe	la hierba
green	vert, verte	verde
greenhouse	une serre	el invernadero
guard (railway)	un chef de train	el guardia
hair	les cheveux	el pelo
half	la moitié	la mitad
hand	la main	la mano
handbag	un sac à main	el bolso
handkerchief	un mouchoir	un pañuelo
handlebar	un guidon	el manillar
hanger	un cintre	una percha
hat	un chapeau	un sombrero
to have	avoir	tener
head	la tête	la cabeza
to hear	entendre	oir
heart	le coeur	el corazón
hedge	une haie	el seto
helicopter	un hélicoptère	un helicóptero
hill	une colline	la colina
to hop	sauter à cloche-pied	brincar
horse	un cheval	un caballo
hosepipe	un tuyau	un tubo de manguera
hot	chaud, chaude	calor
hotel	un hôtel	un hotel
hour	une heure	una hora
house	une maison	una casa
hungry/I'm hungry	faim/j'ai faim	el hambre/tengo hambre
husband	un mari	el marido

helicopter
un hélicoptère
un helicóptero

English	French	Spanish
I/I'm a boy	je/je suis un garçon	yo/yo soy un muchacho
ice	la glace	el hielo
ice cream	une glace	un helado
iron	un fer à repasser	una plancha
ironing-board	une planche à repasser	una tabla de planchar
it's	c'est	es
jacket	un veston	la chaqueta
January	janvier	enero
jeans	un jean, un blue-jean	los pantalones vaqueros
jet-engine	un moteur à réaction	un reactor
jug	un pot	una jarra
July	juillet	julio
to jump	sauter	saltar
June	juin	junio
kennel	une niche	una perrera
kettle	une bouilloire	la tetera
key	une clé, une clef	una llave
kitchen	une cuisine	una cocina
kite	un cerf-volant	una cometa
kitten	un chaton	un gatito
knee	le genou	la rodilla
knife	un couteau	un cuchillo
ladybird	un coccinelle	una mariquita
lamb	un agneau	un cordero
lamp	une lampe	una lampara
lamppost	un réverbère	un poste de farol
lawnmower	une tondeuse	una cortacésped
leaf	une feuille	una hoja
to learn	apprendre	aprender
to leave	partir, quitter	irse
left	la gauche	izquierda
leg	la jambe	la pierna
lemon	un citron	un limón
letter	une lettre	una carta
lighthouse	un phare	el faro
lion	le lion	el leon
to listen	écouter	escuchar
litter bin	une boite à ordures	el cubo de la basura
living-room	une salle de séjour	el cuarto de estar
to look	regarder	mirar
lorry	un camion, un poids lourd	un camión
luggage	les bagages	el equipaje
to make	faire	hacer
man	un homme	un hombre
March	mars	marzo
mast	un mât	el mástil
match	une allumette	una cerilla
May	mai	mayo
meat	la viande	la carne
midday	midi	mediodía
midnight	minuit	la medianoche
milk	le lait	la leche
mirror	un miroir, une glace	el espejo
Monday	lundi	lunes
money	l'argent	el dinero
month	un mois	un mes
moon	la lune	la luna
morning	le matin	la mañana
mother	la mère	la madre
motor boat	une vedette	una lancha de motor
mountain	une montagne	una montaña
mouse	un souris	el ratón
mouth	la bouche	la boca
mummy	maman	mamá
mushroom	un champignon	una seta
my	mon, ma, mes (mon oncle/ma tante/mes jouets)	mi
name	un nom	el nombre
neck	le cou	el cuello
nest	un nid	un nido
nephew	le neveu	el sobrino
newspaper	un journal	un periódico
niece	la nièce	la sobrina
night	une nuit	la noche
nine	neuf	nueve
nineteen	dix-neuf	diecinueve
nose	le nez	la náriz
November	novembre	noviembre
number	un chiffre, un numéro	un número
October	octobre	octubre
office	un bureau	la oficina
one	un, une	uno
onion	un oignon	una cebolla
orange (colour)	orange	de color naranja
oval	un ovale, ovale	óvalo/óvala
overcoat	un pardessus	un abrigo
packet	un paquet	una bolsa
to paint	peindre	pintar
paintbrush	un pinceau	un pincel
painting	une peinture	la pintura
paper	le papier	el papel
parking meter	un parcomètre	un contador
passenger	un voyageur, une voyageuse	el pasejero/la pasejera
path (garden)	une allée	el camino
pavement	un trottoir	la vereda/la acera
pear	une poire	una pera
pedal	une pédale	un pedal
pen	un stylo	un bolígrafo
pencil	un crayon	el lápiz
pencil-sharpener	un taille-crayon	un sacapuntas

kite
un cerf-volant
una cometa

English	French	Spanish
penguin	un pingouin	*un pingüino*
people	les gens	*la gente*
pet	un animal familier	*el animal domestico*
photograph	une photographie	*una fotografía*
piano	un piano	*el piano*
picture	un tableau	*el cuadro*
pig	un cochon	*el cerdo*
pillow	un oreiller	*una almohada*
pink	rose	*de color rosa*
plant	une plante	*una planta*
plate	une assiette	*un plato*
platform	un quai	*un andén*
to play	jouer	*jugar*
please	s'il te plaît, s'il vous plaît	*por favor*
plough	une charrue	*el arado*
policeman	un agent (de police)	*el policía/la policía*
pond (garden)	un bassin	*un estanque*
porter	un porteur	*un mozo*
post office	un bureau de poste	*correos*
potato	une pomme de terre	*una patata*
present	un cadeau	*un regalo*
to pull	tirer	*tirar*
pupil (primary school)	un écolier, une écolière	*el alumno/la alumna*
pupil (secondary school)	un élève, une élève	
puppy	un chiot	*un cachorro*
purple	violet, violette	*violeta*
to push	pousser	*empujar*
pyjamas	un pyjama	*el pijama*
pyramid	une pyramide	*un pirámide*
rabbit	un lapin	*un conejo*
radio	une radio	*la radio*
raft	un radeau	*la balsa*
railway line	la voie ferrée	*el ferrocarril*
rain	la pluie	*la lluvia*
rainbow	un arc-en-ciel	*un arco iris*
raincoat	un imperméable	*un impermeable*
raspberry	une framboise	*una frambuesa*
to read	lire	*leer*
rectangle	un rectangle	*un rectángalo*
red	rouge	*rojo/roja*
refreshment kiosk	un buffet	*un quiosco de refrescos*
to ride (=to go horse riding)	faire de l'équitation	*montar*
right	la droite	*derecha*
river	une rivière, un fleuve	*un río*
road	la chaussée/une route	*la carretera*
rock	un rocher	*la roca*
rolling-pin	un rouleau	*el rodillo*
roof	un toit	*el techo/el tejado*
rose	une rose	*una rosa*
rowing-boat	un bateau à rames	*una barca de remos*
rubber	une gomme	*una goma*
ruler	une règle	*una regla*
to run	courir	*correr*
runway	une piste d'envol	*la pista*
saddle	une selle	*la silla de montar*
sail	une voile	*la vela*
sand	le sable	*la arena*
sandal	la sandale	*la sandalia*
satchel	un cartable	*una cartera*
Saturday	samedi	*sábado*
saucer	une soucoupe	*un platillo*
saucepan	une casserole	*la cacerola*
scales (pair of)	une balance	*el platillo de balanza*
school	une école	*una escuela*
scissors	les ciseaux	*las tijeras*
sea	la mer	*el mar*
seagull	une mouette	*la gaviota*
seaweed	le varech	*la alga*
see-saw	une bascule	*un balancín*
September	septembre	*septiembre*
seven	sept	*siete*
seventeen	dix-sept	*diecisiete*
she	elle	*ella*
sheep	un mouton	*una oveja*
shelf	un rayon	*el estante*
shell	une coquille	*una concha*
ship	un navire	*un barco*
shirt	une chemise	*une camisa*
shoes	les chaussures, les souliers	*los zapatos*
to shut	fermer	*cerrar*
to sing	chanter	*cantar*
singer	un chanteur, une chanteuse	*el/la cantante*
sink (kitchen)	un évier	*un fregadero*
sister	une soeur	*una hermana*
to sit (be seated)	être assis (be seated); s'asseoir (to sit down)	*sentarse*
sitting-room	un salon	*el cuarto de estar*
six	six	*seis*
sixteen	seize	*dieciseis*
skip (with skipping rope)	sauter à la corde	*saltar a la comba*
skirt	une jupe	*la falda*
sky	le ciel	*el cielo*
to sleep	dormir; s'endormir (to go to sleep)	*dormir*
slipper	une pantoufle	*la zapatilla*
to smell (a flower etc)	sentir	*oler*
to smile	sourire	*sonreir*
snow	la neige	*la nieve*
snowman	un bonhomme de neige	*el muñeco de nieve*
soap	le savon	*el jabón*
sock	la chaussette	*el calcetin*
sofa	un canapé	*un sofá*
soft	doux, douce	*suave*
son	un fils	*un hijo*
spade	une bêche (garden); une pelle (seaside)	*una pala*
to speak	parler	*hablar*
spoon	une cuillère	*una cuchara*
spring (season)	le printemps	*la primavera*
square	un carré	*un cuadrado*
squirrel	un écureuil	*una ardilla*
stairs	un escalier	*los peldaños*
stamp (postage)	un timbre-poste	*un sello*
to stand (=to be standing)	être debout, se tenir debout (to be standing); se lever (to get up)	*estar de pie*
station	la gare	*la estación*
star	une étoile	*una estrella*
stomach	l'estomac	*el estómago*
stool	un tabouret	*un taburete*
to stop	s'arrêter	*parar*
stawberry	une fraise	*una fresa*
street	une rue	*la calle*
sugar	le sucre	*el azúcar*
summer	l'été	*el verano*
sun	le soleil	*el sol*
Sunday	dimanche	*domingo*
supermarket	un supermarché	*un supermercado*
sweater	un chandail	*un jersey*
to swim	nager	*nadar*
swing	une balançoire	*un columpio*

English	French	Spanish
table	une table	una mesa
tail	une queue	un rabo
to take	prendre	tomar
to talk	parler	hablar
tap	un robinet	un grifo
to taste	goûter	probar
taste (sense of)	le goût	el gusto
taxi	un taxi	un taxi
to teach	enseigner	enseñar
teacher (primary school)	un instituteur, une institutrice	el maestro, la maestra
Teddy (-bear)	un nounours	un osito de felpa
telephone	un téléphone	un teléfono
telephone box	une cabine téléphonique	la cabina de teléfono
television set	un téléviseur	un televisor
ten	dix	diez
tennis	le tennis	tenis
tent	une tente	una tienda da campaña
there is, there are	il y a	hay
they	ils, elles	ellos, ellas
thirteen	treize	trece
three	trois	tres
to throw	lancer, jeter	lanzar/tirar
thumb	le pouce	el pulgar
Thursday	jeudi	jueves
ticket	un ticket (bus, métro); un billet (railway, theatre)	el billete
tie	une cravate	una corbata
time	l'heure	el tiempo
tired	fatigué, fatiguée	cansado
today	aujourd'hui	hoy
toe	le doigt de pied, l'orteil	el dedo del pie
tomorrow	demain	mañana
tooth	la dent	el diente
toothbrush	une brosse à dents	un cepillo de dientes
touch (sense of)	le toucher	el tacto
towel	une serviette	la toalla
town	une ville	la ciudad
tractor	un tracteur	un tractor
traffic lights	les feux (de circulation)	el semáforo
train	un train	un tren
tree	un arbre	el árbol
triangle	un triangle	el triángolo
trolley (supermarket)	un chariot	un carro
trowel	une houlette	una palebta
trousers	un pantalon	los pantalones
Tuesday	mardi	martes
turkey	un dindon, une dinde	un pavo
to turn	tourner	torcer
twelve	douze	doce
twenty	vingt	veinte
two	deux	dos
typewriter	une machine à écrire	una máquina de escribir
tyre	un pneu	neumático
umbrella (beach)	un parasol	una parasol
uncle	un oncle	un tío
underground station	une station de métro	la estación de metro
underpants	un slip	los calzoncillos
vegetables	les légumes	las legumbres/las verduras
very	très	muy
vest (men's)	un maillot de corps	una camiseta
village	un village	un pueblo
to wake (up)	se réveiller	despertarse
to walk	marcher	andar
to want	vouloir	querer
wardrobe	une garde-robe	un armorio de ropa
washing machine	une machine à laver	la lavadora
wastepaper-basket	une corbeille à papier	la papelera
water	l'eau	la agua
watering-can	un arrosoir	la regadera
wave (sea)	une vague	la ola
wave	saluer	saludar
we	nous	nosotros
to wear	porter	ponerse
Wednesday	mercredi	miércoles
week	une semaine	una semana
what . . ?/what are you eating?	qu'est-ce que . .?/qu'est-ce que tu manges?	¿que?
wheel	une roue	una rueda
wheelbarrow	une brouette	una carretilla
where?	où?	¿dónde?
white	blanc, blanche	blanco/blanca
wife	une femme	una esposa
wind	le vent	el viento
window	une fenêtre	una ventana
wine	le vin	el vino
wing	une aile	una ala
winter	l'hiver	el invierno
woman	une femme	la mujer
wood	un bois	un bosque
wool	la laine	la lana
worm	un ver	un gusano
wristwatch	une montre	un reloj de pulsera
to write	écrire	escribir
yacht	un voilier	un yate
year	un an, une année	un año
yellow	jaune	amarillo
yesterday	ñier	ayer
zoo	un jardin zoologique, un zoo	un zoo

I am writing a letter to Maria.
J'écris à Maria.
Estoy escribiendo una carta a María.

"Thank you for your letter."
"Je te remercie de ta lettre."
"Gracias por tu carta."

"How are you? I am very well."
"Comment vas-tu? Moi, je vais bien."
"¿Cómo estás? Yo estoy muy bien."

"I have a new pet. It is a hamster called Otto."
"J'ai un nouveau petit animal. C'est un hamster qui s'appelle Otto."
"Tengo una mascota nueva. Es un hamster que se llama Otto."

"It is very quiet tonight."
"Ce soir, tout est tranquille."
"Está todo muy tranquilo esta noche."

"I am tired and sleepy."
"Moi, je suis fatigué, j'ai sommeil."
"Estoy cansado y tengo sueño."

"Goodnight for now."
"Bonne nuit"
"Buenas noches por ahora."